THALES THEMENHEFTE
DIE LESE-CLIPS
INFORMATION + UNTERHALTUNG

Küchenkräuter

Der Garten auf der Fensterbank

THALES VERLAG

THALES THEMENHEFT Nr. 22
Küchenkräuter – Der Garten auf der Fensterbank

Text: Petra Haske
Illustration: Ralf Fütterer
Umschlaggestaltung: Manfred Lehnert

ISBN 3-88908-522-9
© THALES Verlag, Essen

Gedruckt auf chlorfrei gebleichtem Papier

Die Liebe der Menschen zu den Würzkräutern, mit denen Geschmack und Abwechslung in die Speisen kommen, ist so alt wie die Kochkunst selbst. Schon die Jäger der Vorzeit wickelten das Wildbret in aromatische Blätter; nicht nur der Wohlgeschmack, auch die Bekömmlichkeit wurden so günstig beeinflußt.

Die Küchenkräuter begleiteten die Menschheit bis in die Neuzeit. Wahrscheinlich haben sie sogar aufgrund ihrer oft – heute wissenschaftlich nachgewiesenen – medizinischen Bedeutung wesentlich zum Gedeihen des Menschengeschlechts beigetragen. Mit den Völkerwanderungen, den Kriegszügen und den Fahrten der großen Entdecker wurden die kostbaren Samen und einzelne Exemplare vieler Heil- und Würzkräuter in andere Länder gebracht, von Ost nach West, von Süden nach Norden.

Bis ins späte Mittelalter beherrschen allein Kräuter als Würzmittel die Küche. Streugewürze im heutigen Sinn waren gänzlich unbekannt, selbst Salz wurde als seltene Kostbarkeit, als „weißes Gold", nur grammweise gehandelt und benutzt. Köchinnen und Köche bei Hofe und in den Bürgerhäusern verstanden sich meisterhaft auf die abwechslungsreiche Verwendung von Kräutern, deren Wirkung dem Gaumen, der Gesundheit und nicht zuletzt dem appetitanregenden Anblick der Speisen zugute kam.

Heute erleben die Küchenkräuter eine Renaissance. Nach einigen Jahrzehnten stürmischer Industrialisierung der Nahrungsmittelproduktion – nicht nur mit Erfindungen wie Ketchup und Curry-Fertigsoßen, sondern auch einer Riesenpalette chemischer Aromastoffe – kehrt Besinnung ein. Die „nouvelle cuisine", die neue feine Küche, und die gute, bewährte Hausmannskost greifen zurück auf die Küchenkräuter und deren unnachahmliches Aroma. Und auch das Auge ißt wieder mit.

Woher nehmen?

Ist der Entschluß gefallen, in der Küche neue Wege – im Grunde sind es die uralten – zu beschreiten und Würzkräuter statt Streugewürz und Chemie zu verwenden, muß dafür gesorgt werden, daß stets eine gute Auswahl verschiedener frischer Kräuter zur Verfügung steht. Nur wenige haben einen eigenen Garten, in dem ohnehin die Jahreszeit Beschränkungen mit sich bringt, und auch in den Geschäften gibt es meist nur das „Grundsortiment" Petersilie und Schnittlauch. Als Alternative bietet sich die Aufzucht der Kräuter auf der Fensterbank.

Zimmeraufzucht

Der „Klein-Anbau" auf der Fensterbank erlaubt eine ganzjährige Nutzung der verschiedensten Kräutersorten und stellt eine breite Palette von Geschmacksrichtungen zur Verfügung. Im Hinblick auf Aroma und Frische der im Zimmer gezogenen Kräuter gibt es keine Einschränkungen, man kann sie wie ihre Artgenossen aus dem Garten verwenden.

Die Zimmeraufzucht gelingt jedem. Einige wichtige Grundregeln sind aber zu beachten, um Freude an der Sache zu haben und das ganze Verfahren zu einer lieben Gewohnheit werden zu lassen.

Es muß bedacht werden, daß die Pflanzen in geschlossenen Räumen in einer künstlichen Umgebung leben. Sie sind buchstäblich auf Gedeih und Verderb den jeweiligen, extrem kleinklimatischen Verhältnissen ihres Standortes ausgesetzt und entsprechend empfindlich. Um ihnen die Verhältnisse des Freilands so gut wie möglich zu ersetzen, muß man sie pflegen und sich regelmäßig um Licht, Luft und Wasser kümmern.

Mißerfolge bei der Aufzucht sind meist nicht auf das Pflegesystem zurückzuführen, sondern einfach nur das Ergebnis von Vergeßlichkeit oder Gleichgültigkeit.

Neuzucht erspart Ärger

Viele Würzkräuter stammen aus dem Mittelmeerraum. Sie können daher Hitze und Trockenheit gut vertragen, jedoch sollten diese Belastungen im Zimmer nicht zu extrem sein. Natürlich kann nicht mit demselben Wuchs wie im Freien gerechnet werden, vor allen Dingen werden die Pflanzen nicht so kräftig. Ihre Abwehrkräfte sind nicht so stark entwickelt, sie sind anfälliger gegen Krankheiten und Parasitenbefall.

Falls irgendwelche Krankheiten auftreten, sollten die betroffenen Pflanzen entfernt und neue eingesät werden. Das ist einfacher und erspart eine Menge Ärger. Die Behandlung mit Pestiziden (Pflanzenschutzmitteln) ist nicht wünschenswert und wegen der langen Wartezeiten auch nicht anwendbar.

Ausflug ins Freie

Wenn die örtlichen Gegebenheiten es zulassen, können die Pflanzen zu ihrer Kräftigung von Zeit zu Zeit ins Freie, zum Beispiel auf den Balkon, gestellt werden. Dort sind sie der direkteren Sonneneinstrahlung und günstigeren Bedingungen als im Zimmer ausgesetzt. Das gilt aber nur an Sommertagen, da die kühle Nachtluft oder gar Winterwetter abträglich wären. Der „Ausflug ins Freie" ist nicht unbedingt notwendig. Wenn die Pflanzen ausschließlich im Zimmer gehalten werden, müssen sie häufiger durch Nachzucht ersetzt werden, weil sie weniger kräftig und durch die Ernte schneller geschwächt werden.

Die Aussaat

Zur Anlage des kleinen Gartens auf der Fensterbank benötigt man zunächst nur eine Anzahl von Torftöpfchen (aus gepreßtem Torf) und einen Beutel guter Blumenerde. Beides ist im Blumenfachgeschäft erhältlich. Die Töpfe werden randvoll mit Erde gefüllt, die beim Wässern später noch zusammensackt. Wenn möglich, sollen die Töpfchen zum Schutz vor Zugluft in ein kleines Zimmergewächshaus z. B. aus Plastikmaterial gestellt werden. Empfehlenswert ist das Etikettieren der einzelnen Töpfe, um später noch zu wissen, was man ausgesät hat. Das Beschriften sollte zeitgleich mit der Aussaat aus der Samentüte erfolgen. Die Portionen in den Samentüten sind normalerweise für den Garten vorgesehen. Man behält daher noch zahlreiche Samen übrig, die später noch verwendet werden können. Da die Dauer der Keimfähigkeit bei den einzelnen Arten unterschiedlich ist, sollte man auf das Haltbarkeitsdatum der Packung achten. Überalterter Samen ist besser nicht zur Aufzucht zu nehmen, die Kostenersparnis wird durch Mißerfolge aufgehoben.

Die Samenkörner müssen nicht unbedingt mit Erde bedeckt werden. Da man aber oft nicht genau weiß, welche Kräuter „Lichtkeimer" sind und welche nicht, ist es empfehlenswert, die Samenkörner an der Oberfläche mit einem Holzstab oder einer Pinzette leicht zu vermischen und die Erde danach vorsichtig mit den Fingern anzudrücken. Zum Gießen wird eine Kanne oder ein Gummibällchen mit Brause genommen. Jetzt ist ein Teil der Samen mit Erde bedeckt, der andere Teil liegt frei an der Oberfläche. So ist auf jeden Fall guter Keimerfolg gesichert – gleich, ob es sich um „Licht-" oder „Dunkelkeimer" handelt. Es sind genug Samen vorhanden, die entweder die eine oder andere Voraussetzung erfüllen.

Die ersten Blätter

Bei Zimmertemperatur keimen Pflanzen sehr viel schneller als im Freien. Wenn die Erde sich durch das Gießen zu sehr verdichtet, kann sie mit einem Holzstab oder einer Pinzette vorsichtig aufgelockert werden. Nachdem die ersten Blätter erschienen sind, wird es aufgrund des raschen Wachstums schnell zu eng im Torftöpfchen.

Man zupft jetzt mit einer Pinzette vorsichtig gerade soviele Pflanzen heraus, daß für die verbleibenden genug Lebensraum zur Verfügung steht. Natürlich kann man die überzähligen Keimlinge auch umpflanzen, aber diese Arbeit wäre sehr mühsam und meist nicht erfolgreich.

Manchmal haben die Pflanzen schon zuviele Wurzeln gebildet, so daß sich ein Auszupfen wegen möglicher Beschädigung der verbleibenden Pflanzen verbietet. In diesem Fall reicht es aus, die zu entfernenden Pflanzen direkt über der Erde abzuschneiden.

Nach einer gewissen Zeit, die von Art zu Art variiert, wird das Torftöpfchen endgültig zu klein: Die Pflanzen müssen jetzt in einen größeren Topf, ihr künftiges Zuhause, umquartiert werden. Dies kann samt dem Torftopf erfolgen, der sich später in der Erde auflöst. Hat man in diesem Punkt Bedenken, wird der Torfmantel aufgeschnitten und weggeworfen.

Die weitere Pflege

Die wichtigsten Umweltfaktoren für das gute Gedeihen einer Pflanze sind Licht, Wasser und Wärme.

Will man die Verhältnisse im Zimmer optimal auf diese Bedürfnisse abstimmen, ist die Anschaffung einiger Hilfsmittel angezeigt. Dies aber nur, wenn man an eine langfristige und intensive Kräuterzucht denkt, ansonsten werden es ein heller Standort am Fenster und eine regelmäßige Pflege auch tun.

Die Lichtverhältnisse

Würde man versuchen, Gartenpflanzen in einem Zimmer zu halten, ließe der Mißerfolg nicht lange auf sich warten; sie würden aus Lichtmangel eingehen. Bereits in kurzem Abstand zum Fenster ist das Licht weit weniger intensiv als direkt am Fenster.

Normalerweise wird dies kaum bewußt wahrgenommen, es kann aber leicht mit dem Belichtungsmesser eines Fotoapparates nachgeprüft werden. Zimmerpflanzen sind extra gezüchtet, um auch unter ungünstigeren Bedingungen zu gedeihen. Dennoch benötigen sie ein ausgewogenes Maß an Licht und Sonne, das ihren Bedürfnissen entspricht.

Südfenster sind als Standorte für die Kräuterzucht genausowenig geeignet wie Nordfenster. An Südfenstern kann es durch intensive Sonneneinstrahlung hinter dem Glas zu einem Hitzestau kommen. An Nordfenstern ist die Sonneneinstrahlung wiederum so gering, daß die Pflanzen verkümmern. Für den Kräutergarten im Zimmer kommen also nur Ost- oder Westfenster in Frage, will man nicht besondere Hilfsmittel einsetzen.

Um unabhängig zu sein von Tages- und Jahreszeit, bietet sich ein sogenannter Biostrahler an, ein Lampengestell, das mit zwei 15-Watt-Leuchtstoffröhren bestückt ist. Die Dauer der Belichtung ist dabei ein wichtiger Faktor.

Als ursprüngliche Freilandpflanzen sind die meisten Küchenkräuter Langtagspflanzen, das heißt, sie gedeihen nur dann zufriedenstellend, wenn sie pro Tag mehr als zwölf Stunden Licht bekommen. Hat man sich zur

Anschaffung eines Biostrahlers entschlossen, sollte ein automatischer „Timer" das Ein- und Ausschalten übernehmen. Der Timer, der zwischen Stecker und Steckdose angebracht wird, sollte auf dreizehn bis vierzehn Stunden Lichtdauer eingestellt werden.

Eine künstliche Beleuchtung mag etwas aufwendig erscheinen, macht aber unabhängig bei der Wahl des Pflanzenstandortes. So kann der Kräutergarten seinen Platz dort finden, wo er sich am schönsten in die Wohnungseinrichtung einfügt.

Die richtige Wärme

Die Bedeutung richtiger Wärmeverhältnisse für ein gutes Gedeihen wird sehr häufig unterschätzt.

Während der Phase des Keimens brauchen die Pflanzen eine Temperatur um 25° C. Während der späteren Wachstumsphasen genügen Temperaturen um etwa 20° C. Wer es besonders gut meint, schafft sich eine Wärmeplatte mit einem Thermostat an, die während der Keimphase unter das Gewächshaus gestellt wird. Der Thermostat regelt automatisch die gewünschten Temperaturen, die sicherheitshalber mit einem Boden- oder Aquariumthermometer kontrolliert werden können.

Eine Heizplatte ist in jedem Fall unerläßlich, wenn die Kräuteraufzucht ihren Standort in ungeheizten oder frostgefährdeten Räumen haben soll.

Tag- und Nachtrhythmus

Wie alle Lebewesen haben auch die Pflanzen einen Tag- und Nachtrhythmus. Die durchgehende, gleichmäßig warme Beheizung ist für das Wachstum daher nicht förderlich. Eine nächtliche Abkühlung entspricht den Verhältnissen in der Natur, und die Pflanzen gedeihen sichtlich besser, wenn Beleuchtung und Wärme zur gleichen Zeit ein- und ausgeschaltet werden. Hierzu sollte die Wärmeplatte ebenfalls mit an den Timer angeschlossen sein.

Das Gießen

Auch wenn die verschiedenen Kräuter zusammen an einem Platz oder in einem gemeinsamen Gewächshaus stehen, muß ihr individueller Wasserbedarf berücksichtigt werden. Es kann möglich sein, daß man die einen weniger und seltener, die anderen hingegen öfter und reichlicher gießen muß. Beim Gießen sollte man darauf achten, daß die Erde feucht, nie aber naß oder völlig ausgetrocknet ist.

Das Düngen

Der in der frischen Blumenerde bereits enthaltene Dünger reicht einige Zeit für die Pflänzchen vollkommen aus, doch sollten später die stärker wachsenden Kräuter einmal in der Woche mit einem Blumendünger, den man in das Gießwasser gibt, zusätzlich gedüngt werden. Hierbei ist zu beachten, daß das mit Dünger versetzte Wasser nicht auf die Blätter gelangt. Im übrigen ist ein Zuviel den Pflanzen abträglich. Man erkennt das an braun gewordenen Blatträndern.

Die Ernte

Wenn alle Hinweise beachtet worden sind, wachsen die Kräuter gut und üppig. Es kann jetzt ans Ernten gehen, was aber durchaus eine gewisse Vorsicht und Sachkenntnis erfordert. Schließlich sollen die Kräuter nicht bei der ersten Ernte ihr Leben lassen, sondern Zeit zum Nachwachsen und zur Erholung haben – um so ergiebiger ist der Kräutergarten.

Entscheidend für die Lebensdauer der Pflanzen ist die Erhaltung und Unversehrtheit des „Vegetationspunktes", das heißt der Stelle, aus der sich beim Nachwachsen die neuen Zellen bilden. Wo die einzelnen Kräuter ihren Vegetationspunkt haben, lehrt nur die Erfahrung. Es ist daher am sichersten, zunächst die Blätter nur sehr behutsam herunterzuschneiden.

Basilikum, Bohnenkraut und andere hochwachsende Kräuter kann man durch Abschneiden der Spitzen kürzen. Der Nachwuchs erfolgt dann aus den so entstandenen Blattachseln. Die Pflanzen werden auch buschiger.

Ein Patentrezept, wie man an den verschiedenen Kräutern große Mengen ernten kann, gibt es nicht. In der Anfangszeit kann, vor lauter Freude über die erste gelungne Aufzucht eigener Kräuter, eher zuviel geerntet werden, die Pflanzen werden zu stark geschwächt: Sie wachsen schlechter nach oder gehen sogar ein.

Andererseits lohnt es aber auch nicht, eine zu lange Lebensdauer der Kräuterpflanzen anzustreben. Sie würden als Zuchtpflanzen ohnehin schneller Alterungserscheinungen zeigen als ihre Artgenossen im Freiland.

Bei den Küchenkräutern soll die Nutzung im Vordergrund stehen. Wirkt eine Pflanze verbraucht, sollte an eine Nachzucht gedacht werden. Samen ist normalerweise genügend übriggeblieben. Auch wenn man über längere Zeit in den Urlaub fährt, ist Neuzucht nach der Wiederkehr, besonders bei den schnell wachsenden Arten, die beste Lösung, da man wohl von keinem Nachbarn oder Verwandten verlangen kann, daß er sich mit der gleichen Hingabe wie man selbst um die Pflanzen kümmert.

Die Küchenkräuter

Aus der Fülle der als Würzkräuter bekannten Arten sollte man bei der Anlage eines Küchengartens auf der Fensterbank zunächst eine bewährte Auswahl treffen. Vor allen Dingen ist auf Abwechslung und Vielfalt im Aroma zu achten, auf erprobtes Saatgut und ausreichende Ernteerträge. Die Geschmäcker, wie man weiß, sind verschieden, aber es läßt sich dennoch eine Auswahl empfehlen, mit der die Ansprüche einer feinen Küche immer erfüllt werden.

Wer sich schon die Mühe der Aufzucht macht, die von der Freude am Gebrauch mehr als aufgewogen wird, will auch ein wenig über Herkunft und Vergangenheit der Würzkräuter erfahren. Mitunter machen schon die botanischen Bezeichnungen oder die überlieferten Namen der Kräuter neugierig. Oft erzählen sie etwas über den früheren Gebrauch eines Krautes als Heilpflanze (z. B. *officinalis* – im Offizin, d. h. in der Apotheke gebräuchlich). Auch einige wichtige Tips für die besonderen Pflegebedürfnisse einzelner Arten werden willkommen sein.

Liebstöckel (lat. levisticum officinale)

Geschichte

Der (das) Liebstöckel stammt ursprünglich aus den Mittelmeerländern, ist inzwischen aber schon lange auch in nördlicheren Breiten heimisch – vor allem in

Deutschland und England, weniger in Frankreich. Bereits die Römer verwendeten Blätter und Wurzel nicht nur zum Würzen, sondern auch als Heilmittel. Sie waren es auch, die die Pflanze über die Alpen brachten. Das Auftreten von Liebstöckel in unseren Breiten ist zum erstenmal in den Kapitularien Karls des Großen verzeichnet.

Der Name Liebstöckel ist eine Abwandlung der ursprünglichen römischen Bezeichnung „ligusticum", was soviel bedeutete wie „das Kraut aus Ligurien" – hat also mit Liebe oder Stock nichts zu tun. Im Mittelalter nahm man Liebstöckel als Medizin gegen Bauch- und Halsschmerzen. Außerdem wurde gequetschter Liebstöckel auf Wunden und Geschwüre gelegt. In die Fußsohlen eingeriebener Saft sollte vor Natternbissen schützen, und nicht zuletzt galt Liebstöckel als wirksames Aphrodisiakum.

Liebstöckel

Verwendung

Liebstöckel, auch Maggikraut genannt, sollte beim Würzen vorsichtig dosiert werden, sein Geschmack ist sehr intensiv. Kleine Mengen feingehackter frischer Blätter schmecken gut in Salaten. Außerdem gibt man Liebstöckel an Kartoffelsuppe, Eintöpfe und an Fleischgerichte, wobei er mitgekocht wird. Es sollte zuerst vorsichtig gewürzt werden, um auszuprobieren, welche Mengen man verwenden will.

Pflegehinweise

Im Garten überdauert die bis zu einem Meter hohe Liebstöckelstaude zehn bis fünfzehn Jahre. Sie läßt sich auch im Zimmer aus Samen heranziehen, dann erhält man kleinere Pflanzen, die sellerieähnlich aussehen. In der Zimmeraufzucht sind nur etwa 40 Prozent des Samens keimfähig und die Pflanze meist schon nach einem Jahr erschöpft, so daß immer auf frisches Saatgut geachtet werden sollte. Liebstöckel wächst langsam und braucht zum Keimen im Zimmer elf Tage, im Garten 21. Die Keimfähigkeit des Samens beträgt ein bis zwei Jahre.

Majoran (lat. origanum majorana)

Geschichte

Der Majoran stammt wahrscheinlich aus Indien. Bei seiner Verbreitung nach Westen kam er in den Vorderen Orient und von dort aus durch arabische Händler in den Mittelmeerraum. Von den Arabern bekam das Kraut auch seinen heutigen Namen. Sie nannten es „Marjamie", was soviel bedeutet wie „unvergleichlich". Griechen und Römer schätzten Majoran als Würz- und Heilkraut. Die Römer sahen ihn als Sinnbild des Friedens. Sie pflanzten ihn deshalb auf ihre Gräber und flochten ihn in Hochzeitskränze ein.

In nördliche Breiten soll das Kraut im 16. Jahrhundert durch Kreuzfahrer gelangt sein, die es aus Jerusalem mitbrachten. Wegen ihrer Würz- und Heilkraft fand die Pflanze schnell Verbreitung. Majoran wurde als Heilmittel bei Ohren-, Kopf- und Zahnschmerzen, Bauchkrämpfen und Schwindsucht genommen, galt aber auch als Zaubermittel gegen Hexerei und böse Geister.

Majoran

Majoran

Unentbehrlich für viele Gerichte der mediterranen und auch der österreichischen Küche, sollte Majoran einen fixen Platz im Kräutergärtlein haben. Zu „Majoranfleisch" oder Leber passt er hervorragend. Die Pflanze ist sehr frostempfindlich, braucht Sonne, viel Feuchtigkeit und am besten ein windgeschütztes Plätzchen. Ernten sollte man den Majoran noch bevor sich die Blüten geöffnet haben.

Verwendung

Majoran, auch Wurstkraut oder Mairan genannt, wird immer mitgekocht. Er eignet sich besonders für Hackfleischgerichte, paßt aber auch zu Braten, Hülsenfrüchten und Kartoffelgerichten. Für viele Rezepte der südländischen Küche ist er unverzichtbar.

Die Majoranblätter duften so stark, daß allein vom Überstreichen der beiderseitig flaumig behaarten Blätter das Aroma an der Hand bleibt.

Pflegehinweise

Alle Arten des Majoran sind für die Aufzucht in der Topfkultur geeignet, wobei die Samen nicht unter die Erde gelangen dürfen, sondern nur aufgestreut und leicht angedrückt werden. Ob man eine hoch- oder eine niedrigwachsende Sorte des Majoran wählt, ist egal, da nur die Triebspitzen geerntet werden.

Majoran ist zwei bis drei Jahre keimfähig und braucht zum Keimen im Zimmer drei und im Garten sieben Tage. Er wächst mittelschnell.

Melisse (lat. melissa officinalis)

Geschichte

Die Melisse kommt aus dem Vorderen Orient und dem Mittelmeerraum. In Vorderasien wurde sie speziell als Bienenfutter angebaut. Auch Bienenstöcke wurden mit Melisse ausgerieben, um neu angesiedelte Völker an die neue Heimat zu gewöhnen. Ihre Bezeichnung hat griechischen Ursprung, „Melissa" heißt soviel wie „Bienenkraut". Die Griechen verwendeten sie hauptsächlich als Heilmittel bei Frauenleiden. Die Römer nahmen sie bei Melancholie und gegen Skorpionstiche und Spinnenbisse. Nach Deutschland gelangte die Melisse vermutlich durch Mönche im Rahmen der Klostergründungen. Andere Quellen wiederum behaupten, die Römer hätten sie zunächst nach Britannien gebracht, von wo aus sie nach Deutschland gelangt wäre. Wie auch immer, Melisse war bald fester Bestandteil der Kloster- und Bauerngärten. Die Ärzte und Apotheker des Mittelalters machten kräftig Gebrauch von ihr: „Wer sie ißt, lacht viel, da ihre Wärme die Milz besänftigt und das Herz freudig stimmt." Sie galt als wirksames Schmerzmittel, half bei Schlaflosigkeit und Überanstrengung.

Melisse

Verwendung

Melisse hat einen deutlich zitronenartigen Geschmack. Sie wird gern an Salate, aber auch an Fischgerichte gegeben. Man sollte sie immer frisch und roh verwenden. Allein oder zusammen mit Pfefferminze ergibt sie einen schmackhaften Tee.

Pflegehinweise

Im Topf ist sie viel schneller aufzuziehen als im Garten. Man muß aber darauf achten, daß bei der Anzucht höchstens vier bis sechs Pflanzen in einem Töpfchen stehen. Bei der Ernte wird der Mitteltrieb bis auf zwölf Zentimeter heruntergeschnitten, so daß der Wuchs nicht zu hoch wird.

Melisse wächst langsam bis mittelschnell, der Samen bleibt zwei bis drei Jahre keimfähig. Die Keimdauer im Zimmer beträgt sieben, im Garten dagegen 21 bis 28 Tage.

Dill (lat. anethum graveolens)

Geschichte

Die Heimat des Dill liegt vermutlich in Vorderasien, im Vorderen Orient oder auch in Südeuropa. Er wurde schon im Alten Ägypten kultiviert. Römer, Griechen und Juden wußten um die Würz- und Heilkraft der Pflanze. Dill gelangte schon bald durch Mönche über die Alpen nach Deutschland und verbreitete sich hier rasch in den Klostergärten. Er hatte seinen festen Platz in den Arznei-, Destillier- und Kräuterbüchern des Mittelalters, wurde aber auch als Mittel gegen Hexen und bösen Zauber verwendet. Junge Bräute legten sich Dillzweige in die Schuhe, wenn sie zur Trauung gingen. Das sollte ihnen Kraft geben. Dill gilt in Skandinavien und Osteuropa als „König der Küchenkräuter". Für die Schweden ist er das, was für die Ungarn der Paprika ist.

Verwendung

In unserer Küche wird der frische Dill als Würzkraut in sommerlichen Salaten, vor allen Dingen zusammen mit Gurken, hoch geschätzt. Dillsoße harmoniert hervorragend mit Fisch-, Krebs- und Eiergerichten.

Dill

Pflegehinweise

Bei Dill sollte man darauf achten, daß die einzelnen Pflanzen nicht zu nah beieinanderstehen und sie, wenn nötig, auslichten. Die ausgezupften Pflanzen können auch als Gewürz verwendet werden, da sie schon früh aromatisch sind. Für die Zimmer sollten nicht die hochgezüchteten Formen genommen werden, da sie zu groß werden und auch empfindlicher sind. Dill ist für Krankheiten und Blattläuse sehr anfällig, die befallenen Pflanzen müssen sofort entfernt und ersetzt werden.

Im Zimmer benötigen die schnellwachsenden Dillpflanzen vier Tage zum Keimen, im Garten 7 bis 14. Die Samen sind vier Jahre keimfähig.

Basilikum (lat. ocimum basilicum)

Geschichte

Das Basilikum muß schon vor 4.000 Jahren den Ägyptern bekannt gewesen sein: Man fand Kränze von ihm in den Grabkammern der Pyramiden. Später gelangte es über Persien nach Griechenland und von dort nach Italien. Seinen Namen verdankt Basilikum dem griechischen Wort „Basileus" gleich „König". Über die Alpen kam das Kraut zwar erst im 12. Jahrhundert, verbreitete sich dafür dann um so schneller. Es war ein hochgeschätztes Heilkraut, das bei Magenschmerzen und Husten, aber auch seelischen Erkrankungen wie Melancholie verabreicht wurde. Zudem sollte es zum Liebesspiel anregen. Wenn ein Sträußchen Basilikum überreicht wurde, galt das als eindeutige Aufforderung.

Tatsächlich ist die medizinische Wirkung von Basilikum unbestritten. Die heutige Naturheilkunde lindert mit Basilikumtee Magenschmerzen, Migräne und Kopfschmerzen, Angst- und Schwindelgefühle sowie Schlaflosigkeit.

Verwendung
Basilikum kann hervorragend anstelle von Pfeffer verwendet werden. Es würzt Salate, Fleisch- und Eierspeisen in viel feinerer Weise. Beim Kochen sollte aber darauf geachtet werden, daß der pfefferartige Geschmack sich hier noch verstärkt.

Pflegehinweise
Basilikum wird in großblättrige und kleinblättrige Sorten unterteilt, wobei die großblättrigen auch im Wuchs höher werden als die kleinblättrigen. Für die

Basilikum

Zimmeraufzucht erweisen sich die kleinen Sorten als geeigneter und platzsparender. Wenn die Ernte von der Spitze aus vorgenommen wird, wachsen aus den Blattachseln neue Triebe nach.

Die Keimdauer beträgt im Zimmer vier Tage, im Garten sieben. Basilikum ist eine schnell wachsende Pflanze, der Samen ist vier Jahre keimfähig.

Bohnenkraut (lat. satureja hortensis)

Geschichte

Das Bohnenkraut, auch Pfefferkraut genannt, stammt vom Schwarzen Meer. Es muß schon sehr früh über den Balkan und den Mittelmeerraum zu uns gelangt sein, denn schon in den Kapitularien Karls des Großen wird die Pflanze als offizinell und wichtiges Heilkraut bezeichnet. Es galt als wirksam bei Magenschmerzen und als appetitanregend in jeder Beziehung. Ein Zeitgenosse schreibt: „Es erweckt die Lust und Begier zum Essen und ehelichem Werken."

Verwendung

Seine Domäne hat Bohnenkraut natürlich bei der Zubereitung von Bohnengerichten. Wegen seines pfefferartigen Geschmacks wird es auch an andere Hülsenfrüchte und Fleischgerichte gegeben.

Pflegehinweise

Die winzigen Samenkörner des Bohnenkrauts brauchen zum Keimen unbedingt Sonnenlicht und sollten

Bohnenkraut

daher nicht mit Erde bedeckt werden, wobei selbst das allgemein empfohlene Vermischen mit der obersten Erdschicht hier schon zuviel sein kann. Bohnenkraut ist nicht, wie häufig beanstandet wird, schlecht keimfähig. In den meisten Fällen handelt es sich nur um eine falsche Handhabung. Bei der Aufzucht in Töpfen brauchen die Pflanzen einen Stock als Halt.

Bohnenkraut hat im Zimmer eine Keimdauer von fünf Tagen, im Garten von 10 bis 14 Tagen und wächst mittelschnell. Achtung: Der Samen ist nur ein Jahr keimfähig.

Borretsch (lat. borago officinalis)

Geschichte

Obwohl die Herkunft von Borretsch umstritten ist, wird vermutet, daß das Gewürz aus dem Vorderen Orient stammt und von dort durch die Araber nach Spanien gelangte. Hier wurde die Pflanze sehr früh angepflanzt und kultiviert. Bis in die heutige Zeit verzehren sie die Spanier als Gemüse. Das Kraut war auch schon den Römern bekannt gewesen, denn Plinius weist auf die "freudenbringende", anregende Wirkung des Borretsch hin, der auch Fieber lindern soll. In Deutschland war er besonders im Mittelalter sehr beliebt – als "Konfekt des kleinen Mannes". Die kandierten Blüten wurden gerne geknabbert. In Frankreich galt er um 1600 als Volksnahrungsmittel. Ein im Schlafzimmer aufgehängter Borretsch-Strauß sollte gute Träume bringen.

Borretsch

Verwendung

Der Borretsch, auch Gurkenkraut, Wohlgemut oder Liebäugelein genannt, wird wegen seines gurkenähnlichen Geschmacks kleingehackt an Salate gegeben. Er eignet sich außerdem gut zur Dekoration, vor allem wegen der zarten, hellblauen Blütensterne. Getrocknet verliert er sein Aroma fast gänzlich.

Pflegehinweise

Borretsch ist ein Dunkelkeimer und wächst schnell. Die Samen müssen von Erde bedeckt sein; sie kommen zu vieren in ein bis zu zwei Zentimetern tiefes Loch. Das Kraut wächst sehr üppig, es kann bis 80 Zentimeter hoch und 50 Zentimeter breit werden. Stehen die herangewachsenen Pflanzen zu eng, sind sie für Läuse und Mehltau anfällig. Umpflanzen ist nicht empfehlenswert, da die Wurzeln sehr lang sind und schlecht angehen.

Die großen und rauhen Blätter werden, wenn sie zu starker Verdunstung ausgesetzt sind, schnell welk, erholen sich aber wieder, wenn man sie gießt. Die Keimdauer von Borretsch beträgt im Zimmer vier und im Garten 10 bis 14 Tage. Borretsch ist zwei bis drei Jahre keimfähig.

Estragon (lat. artemisia dracunculus)

Geschichte

Der Estragon ist in der asiatischen Hochsteppe, der Mongolei, Sibirien und Südrußland beheimatet. Seinen Namen erhielt er im maurischen Spanien, wo er „Torkhun" genannt wurde, was soviel wie „kleiner Drache" bedeutet. Auch spätere englische und französische Bezeichnungen lassen sich immer auf das Wort „Drachen" zurückführen. Die Kreuzfahrer brachten Estragon nach Europa, er war aber schon im alten Rom sehr wohl bekannt. Nach Überlieferungen von Plinius trugen viele Römer Estragonsträußchen unter ihren Gewändern, um sich so vor Schlangenbissen und dem Biß tollwütiger Hunde zu schützen. In Europa wurde er zunächst als Heilkraut, später – ausgehend von England und Frankreich – als Gewürz in der Küche verwendet, das appetitanregend und verdauungsfördernd ist.

Estragon

Verwendung

Estragon, auch Schlangenkraut oder Betram genannt, wird wegen seines bitter-süßlichen Geschmacks gern Fleischgerichten zugefügt. Er kann aber auch in geringen Mengen an Salate gegeben werden; mit Liebstöckel, Dill, Petersilie und Melisse verträgt er sich gut. Achtung: Estragon verliert getrocknet seine Würzkraft nahezu völlig.

Pflegehinweise

Deutscher Estragon ist zwar schmackhafter und stärker im Aroma, wird aber durch Stecklinge vermehrt, weil sein Same bei uns nicht reift. Für die Zucht eignet sich nur die russische Sorte. Da das Schlangenkraut nur sehr sparsam angewendet wird, wächst die Pflanze in die Höhe. Aus diesem Grund können auch die Triebspitzen gekappt werden, ohne daß das schadet.

Estragon wächst mittelschnell, der Samen ist zwei bis drei Jahre keimfähig. Im Zimmer braucht er zum Keimen drei, im Garten acht Tage.

Kapuzinerkresse (lat. tropaeolum majus)

Geschichte

Die Kapuzinerkresse stammt aus Peru, durch spanische Eroberer gelangte sie im 16. Jahrhundert nach Europa. Seit dieser Zeit wird sie auch in den Kräuterbüchern geführt. Trotzdem blieb die Kapernblume, wie sie vom Volksmund genannt wurde, vornehmlich eine Zierpflanze, ihre Vielseitigkeit wurde lange nicht erkannt. Nach und nach wurde sie als Heilmittel gegen Haarausfall und Skorbut angewandt. Verliebte schätzten sie als anregendes Kraut, das erklärt den weiteren Namen der Pflanze: Liebesblume.

Kapuzinerkresse

Verwendung

Die Blätter der Kapuzinerkresse schmecken leicht pfeffrig und können daher Salaten aller Art in großer Menge beigegeben werden. Wintersalate erhalten durch sie einen kräftigeren Geschmack. Die Blüten sind nicht nur zur Dekoration zu verwenden, sie sind eßbar und schmecken ebenfalls. Junger Samen ersetzt kleingehackt Meerrettich. Unreifen, grünen Samen kann man als Kapernersatz einlegen. Doch aufgepaßt: Dieser Kapernersatz, in großen Mengen genossen, führt ab.

Pflegehinweise

Man muß sich zuerst entscheiden, ob man die rankende Sorte wählt oder kleine runde Büsche, die „Nana", die etwa 30 Zentimeter hoch werden. Die rankende Kapuzinerkresse wird bisweilen aus Platzmangel nicht zur Blüte kommen, dann können zum Würzen also nur die Blätter genommen werden. Wer jedoch auf Blüten nicht verzichten möchte, der muß auf einen kargen, mageren Boden achten. Die Samenkörner werden in Saatlöcher gelegt und mit Erde abgedeckt. Beim Umtopfen sollten nicht mehr als fünf Pflanzen stehenbleiben. Wenn man bei der Ernte die Triebspitzen entfernt, kommt es an den Blattachseln zu Austrieb.

Kapuzinerkresse wächst schnell und ist zwei bis drei Jahre keimfähig. Im Zimmer benötigt sie zum Keimen sieben, im Garten 14 bis 21 Tage.

Kerbel (lat. anthriscus cerefolium)

Geschichte

Der Kerbel war ursprünglich im Raum von Südrußland bis hin zum Kaukasus beheimatet. Die Römer brachten ihn nach Deutschland. Sie waren von seinem Aroma so angetan, daß sie ihn überall mit hinnahmen.

So gelangte er nach Gallien, Germanien und Britannien. Plinius überlieferte ein Rezept für Kerbelessig aus geriebenen Samen, der Schluckauf vertreiben sollte. Karl der Große verordnete ihn seinen Untertanen in den Kapitularien. Im Mittelalter wurde Kerbel als Mittel gegen „Frauenleiden", Gelbsucht und den Biß tollwütiger Hunde eingenommen.

Kerbel

Verwendung

Kerbel, der auch Kufelkraut heißt, wird aufgrund seines starken aromatischen und leicht süßlichen Geschmacks zusammen mit anderen Kräutern an Salate aller Art gegeben. Man kann ihn auch anstelle von Petersilie anwenden; er schmeckt deshalb gut in Frühlingssuppen und Kräuterbutter. Das Kufelkraut sollte nicht mitgekocht werden, weil sich dann der Geschmack verändert. Vom Trocknen ist abzuraten, da das Aroma verlorengeht.

Pflegehinweise

Beim Kerbel werden zwei Sorten unterschieden: die kraus- und die glattblättrige. Beide eignen sich zur Aufzucht. Relativ schnell entwickeln sich aus den Samen, die eine lange, dünne Form haben, kräftige Pflanzen, deren Blätter hellgrün und gefiedert sind. Dann sollten sie sofort geerntet werden, denn wenn Kerbel blüht, werden die Blättchen rot und ledrig. Sie verlieren dann ihre Würze. Häufige Folgesaaten sind oft notwendig. Die Pflanzen können ruhig dichter zusammenstehen, weil sie früh abgeerntet werden. Sie brauchen viel Flüssigkeit, ansonsten sind sie sehr anspruchslos.

Kerbel wächst mittelschnell, der Samen ist drei Jahre keimfähig, wobei er im Zimmer zum Keimen sieben, im Garten vierzehn Tage braucht.

Petersilie (lat. petroselinum crispum)

Geschichte

Die Petersilie stammt aus den östlichen Mittelmeerländern. Bei den Griechen stand sie in hohem Ansehen und galt als heiliges Kraut, das Wunderkräfte besitzen sollte. Nicht umsonst heißt es in der Sage, daß Herakles sich einen Kranz aus Petersilie aufsetzte, bevor er mit der Hydra kämpfte und den Stall des Augias säuberte. Griechen besangen die Liebe, den Wein und Petersilie. Die Sieger bei sportlichen Wettkämpfen bekamen einen Petersiliekranz überreicht. Die Bittersilche, wie das Kraut auch genannt wurde, galt als das Symbol von Gastlichkeit und Geselligkeit. Es war üblich, daß man sich bei Festlichkeiten damit schmückte. Nach Mitteleuropa gelangte die Pflanze durch die Römer. Karl der Große verordnete den Anbau in seinen Kapitularien. Die

Petersilie

harntreibende Wirkung von Petersilie war bestens bekannt. Außerdem wurde sie zur Kühlung von Brandwunden, Bienen- und Wespenstichen verwendet; man legte die gequetschten Blätter auf die Wunde. Auch die Wurzel fand als Heilmittel bei zahlreichen Krankheiten Beachtung.

Verwendung

Petersilie wird als Gewürz universell eingesetzt. Die Verwendungsgebiete sind allgemein bekannt, deshalb soll nicht näher darauf eingegangen werden. Es muß darauf geachtet werden, daß Petersilienkraut nicht mitgekocht wird, es sollte frischgehackt zu den Speisen gegeben werden.

Pflegehinweise

Grundsätzlich werden drei Sorten unterschieden: die krause und die glattblättrige Petersilie sowie Wurzelpetersilie. Die glattblättrige gilt als die aromatischere. Alle drei haben sehr lange Wurzeln, deshalb muß der Topf mindestens 20 Zentimeter tief sein, bei Wurzelpetersilie sogar 35 Zentimeter. Weil die Pflanzen am Anfang ziemlich langsam heranwachsen, sollte man nicht zu früh und zu reichlich ernten, da sie sich sonst kaum wieder erholen können. Ältere Pflanzen sind gegen Blattlausbefall sehr anfällig und sollten durch Neusaat ersetzt werden. Hierbei ist darauf zu achten, daß die Erde ausgewechselt wird: Petersilie kann sich selbst nicht leiden. Der Samen braucht im Zimmer neun Tage um zu keimen, im Garten hingegen 14 bis 21 Tage. Er ist zwei Jahre keimfähig.

Pimpernell

Pimpernell (lat. sanguisorba minor)

Geschichte

Der Pimpernell, manche nennen ihn auch Pimpinelle, hat seinen Ursprung in Mittel- und Südeuropa, wo er wild an Wegrändern und auf trockenen Wiesen wächst. Im Mittelalter wurde das Kraut sehr geschätzt, viele Sagen berichten von seiner heilenden Wirkung in Zeiten als Seuchen herrschten. Bei Pest und Cholera soll er Erkrankte angeblich vor dem Tode gerettet haben.

Die „Heilsbotschaft" wurde in Württemberg von einem Vogel gebracht, in Südtirol berichtet die Mär von einem Zwerg, in St. Gallen war es eine Stimme vom Himmel. Heutzutage wissen nur wenige um den guten Geschmack und die Vitaminhaltigkeit des Pimpernell.

Verwendung

Pimpernell, auch als wilder Kümmel bekannt, hat einen etwas säuerlichen und nußartigen Geschmack, der entfernt an Gurken erinnert. Er würzt in der Hauptsache Salate, schmeckt aber auch in Kräuterquark und anderen Speisen. Getrocknet verliert er sein Aroma, kann aber in Essig oder Öl konserviert werden.

Pflegehinweise

Die Stammart von Pimpernell, der kleine Wiesenkopf, kommt in Mitteleuropa wild vor. Am besten schmecken die jungen Blätter. Bei der Aufzucht im Topf werden die Blätter langgestielt und spreizen auseinander. Man muß bei der Ernte darauf achten, die über den Topfrand hängenden Blätter zurückzuschneiden. Pimpernell gehört zu den Pflanzen, die viel verdunsten und daher auch leicht welk werden. Nach dem Gießen erholt sie sich wieder schnell.

Der Samen braucht zum Keimen im Zimmer vier, im Garten zwölf Tage und ist ein Jahr keimfähig. Er wächst mittelschnell bis schnell.

Sellerie (lat. apium graveolens)

Geschichte

Der Sellerie wächst in Europa, Asien, Afrika, Nord- und Südamerika wild. Er wurde bereits in frühgeschichtlichen Zeiten verwendet. Die „Urpflanze" wuchs wahrscheinlich auf feuchtem, salzhaltigen Boden. Der lateinische Name bedeutet soviel wie „stark riechend",

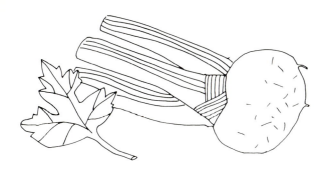

Sellerie

Sellerie hingegen wird von einer griechischen Kolonie auf Sizilien, Selinunt, abgeleitet. Die alten Ägypter verwendeten die Pflanze bei ihren Kulten, nutzten sie aber auch zum Würzen und Heilen. Die Griechen sahen Sellerie als der Unterwelt geweiht an und verwendeten ihn als Totengabe. Aber auch die Sieger der Nemeischen Spiele erhielten einen Siegerkranz der stark riechenden Pflanze.

Beim Trojanischen Krieg soll Achilles sie als Heilmittel bei verschiedenen Krankheiten seiner Pferde benutzt haben. Von Plinius wird überliefert, daß zu seinen Lebzeiten in Italien Sellerie kultiviert wurde. Im Mittelalter war der Name „Geilwurz" sehr verbreitet, und Sellerie soll eine gewisse Wirkung in der Liebe gezeigt haben.

Verwendung

Sellerie wird in Soßen, Suppen und Eintöpfen mitgekocht, aber auch gern an Fleischgerichte gegeben. In kleinen Mengen wird er auch roh zu Salaten und Bratkartoffeln verwendet. Die Engländer, ohnehin für ihren besonderen Geschmack bekannt, machen aus ihm sogar eine Bowle.

Pflegehinweise

Die als Küchenkraut geeignete Form des Sellerie ist der Schnittsellerie, eine eigens gezüchtete Sorte, die nur Blätter bildet. Die Aufzucht aus Samen im Topf ist problemlos, auch aufgrund der erheblich verkürzten Keimzeit. Man erhält nach verhältnismäßig kurzer Zeit recht üppig wachsende Pflanzen. Es kann früh geerntet werden, weil zum Würzen geringe Mengen ausreichen. Sellerie braucht Feuchtigkeit, aber keine stehende Nässe. Er ist zwar ein Lichtkeimer, verträgt aber auch später Halbschatten.

Zum Keimen im Zimmer braucht der Samen sieben, im Garten hingegen 21 bis 28 Tage, er ist drei Jahre keimfähig.

Thymian (lat. thymus vulgaris)

Geschichte

Der Thymian entstammt den Ländern des Mittelmeerraumes und Vorderen Orients. Er ist eines der ältesten und beliebtesten Heil-, Würz- und Kultkräuter überhaupt. Schon 5.000 Jahre v. Chr. wird er in mesopotamischen Schriften erwähnt. Es ist überliefert, daß d. Ägypter Thymian zum Totenkult und Einbalsamieren ihrer Toten verwendeten. In Griechenland hatte das Kraut bei kultischen Handlungen eine ähnliche Bedeutung wie Weihrauch. Man würzte jedoch mit ihm auch Käse und räucherte das Fleisch. Seinen Namen hat

Thymian

Thymian vom griechischen Wort „Thymos", das bedeutet soviel wie „Kraft" und „Mut". Die Römer kannten diese Wirkung und verabreichten ihren Soldaten vor den Schlachten einen Trank aus Thymian. Doch nicht nur militärisch schätzten sie die Pflanze, sie stellten aus ihr

Cremes her, mit denen sie sich pflegten und gaben sie des intensiven Duftes wegen dem Badewasser bei. Nach Deutschland kam Thymian erst relativ spät durch die Benediktinermönche, verbreitete sich dann aber sehr schnell. Im Mittelalter bereitete man Tee daraus, der gegen Schüchternheit, Melancholie und Alpträume helfen sollte. Auch bei Erkältung, Grippe, Magen- und Darmbeschwerden wurde Thymian verwendet. Wenn Pest oder Cholera drohten, rieben sich die Leute mit Thymian ein, um eine Ansteckung zu vermeiden.

Verwendung

Aufgrund seines sehr aromatischen und entfernt an Kampfer erinnernden Geschmacks, wird Thymian gern an Fleischgerichte gegeben. Thymian wird mitgekocht, schmeckt aber roh und kleingehackt auch in Salaten.

kann allen gerichten beigegeben

Pflegehinweise

Es werden zwei Sorten unterschieden: der Französische oder Sommerthymian, er wächst sehr schnell, und der Deutsche, Winterthymian. Von der Pflege her sind beide recht anspruchslos. Zum Würzen können nur die Blätter und unverholzte Triebe benutzt werden. Zuerst wachsen die Pflanzen nur zögernd, breiten sich dann aber nach allen Seiten hin aus. Nach dem Umpflanzen sollten die Triebe, die über den Topfrand hinaus hängen, zurückgelegt werden. Es bildet sich dann ein Polster.

Die Keimdauer beträgt im Zimmer vier, im Garten sieben Tage. Der Samen ist zwei Jahre keimfähig.

Rosmarin (lat. rosmarinus officinalis)

Geschichte

Der Rosmarin entstammt den Ländern des Mittelmeerraumes. Er wurde schon vor vielen tausend Jahren geschätzt und häufig verwendet, vor allem zu Kultzwecken. Die Ägypter legten den verstorbenen Pharaonen Rosmarinzweige in die Grabkammer, die Griechen

Rosmarin

flochten daraus Kränze für ihre Götter, und die Römer weihten die Pflanze der Göttin Aphrodite, sie gilt deshalb bis in unsere Tage als ein Symbol für Liebe und Treue.

Rosmarin gelangte mit den Benediktinern über die Alpen nach Deutschland, hier gewann er rasch den Ruf als „das Kraut schlechthin". Der Strauch galt als Jungbrunnen und stärkte Gedächtnis und Körper. Allein der Geruch sollte ausreichen, die verlorengegangene jugendliche Spannkraft wiederzuerlangen. Es wird erzählt, daß im 14. Jahrhundert eine ungarische Königin, die 72 Jahre alt war, nach einer Behandlung mit Rosmarin alle Beschwerden verloren hatte. Seitdem ist das „Wasser der Königin von Ungarn" bekannt. Es stärkte Herz, Nerven und Magen und war gegen Gicht und Rheumatismus wirksam.

Verwendung

Rosmarin ähnelt dem Thymian im Geschmack, ist jedoch sehr viel intensiver. Daher reichen kleine Mengen aus, die an Fleischgerichte, hier besonders Hammel-, Rind- und Kalbsbraten, und in Soßen gegeben werden. Er eignet sich hervorragend zum Würzen von Essig und Öl. Dabei müssen die Flaschen dunkel aufbewahrt werden, da sich sonst Aroma und Farbe ändern.

Pflegehinweise

Rosmarin wächst sehr langsam, daher ist es empfehlenswert, sich ein oder zwei junge Pflanzen aus der Gärtnerei zu besorgen. Später kann man diese Sträucher durch eigene Aufzucht ersetzen. Im Sommer sollte Rosmarin nur knapp, aber regelmäßig gegossen werden. Im Winter benötigt die immergrüne Pflanze nicht so viel Wasser. Es werden die jungen tannennadelähnlichen Blätter und die Triebspitzen geerntet. Je älter der Stock ist, umso mehr liebt er die Ruhe und möchte nicht mehr jedes Jahr umgetopft werden.

Die Keimdauer von Rosmarin beträgt im Zimmer 13 und im Garten 28 Tage. Der Samen ist zwei bis drei Jahre keimfähig.

Salbei (lat. salvia officinalis)

Geschichte

Der Salbei entstammt den östlichen Mittelmeerländern, er wuchs an den kargen Kalkhängen Dalmatiens und Griechenlands. Griechische Ärzte empfahlen ihn als blutstillendes Mittel bei Verletzungen; er wurde aber auch als Heilkraut gegen Fieber und Harnsteine eingesetzt. Überraschenderweise färbte man sich mit den silbergrauen Blättern die Haare schwarz. Die Römer verwendeten Salbei sowohl als Würz- und Heilkraut, als auch für kosmetische Zwecke. Sie waren es auch, die

Salbei

ihn über die Alpen nach Deutschland brachten. Hier empfahlen ihn rasch die Heilkundigen als bewährtes Mittel gegen verschiedene Krankheiten wie Schwindsucht, Fieber, Schweißausbrüche, Husten und allgemeine Erkältungen. Er wurde auch zur Wundbehandlung genutzt, man putzte sich mit ihm die Zähne. Auch wurde der Pflanze eine Schutzwirkung gegen alle Arten von Dämonen nachgesagt. Sie wurde als Zaubermittel verwendet: Man schrieb magische Worte auf ein Salbeiblatt und aß es anschließend auf.

Verwendung

Salbei hat ein starkes Aroma, schmeckt leicht bitter und kampferartig. Daher sollten nur geringe Mengen an Fleisch- und Grillgerichte gegeben werden, die dadurch einen wildartigen Geschmack bekommen. Auch als Füllung von Gans und Pute eignet es sich hervorragend. Die griechische Küche kennt ein Rezept, wo Salbeiblätter in der Pfanne so lange gebacken werden bis sie knusprig sind. Sie kann man ohne Beigabe knabbern.

Pflegehinweise

Der Salbei ist ein Strauch mit silbergrauen, leicht filzigen Blättern. Im Zimmer läßt er sich mehrere Jahre halten, doch ist die Pflege aufgrund des üppigen Wachstums sehr problematisch. Wenn man nicht die nötige Zeit hat, sich um den Strauch intensiv zu kümmern, ist davon abzuraten. Es empfiehlt sich dann eine wiederholte Aufzucht.

Die jungen Pflanzen haben zwar noch nicht so ein starkes Aroma wie die älteren, sind aber zum Würzen schon gut geeignet. Salbei braucht im Zimmer zum Keinen fünf Tage, im Garten acht bis zehn, der Samen ist ein bis zwei Jahre keimfähig.

Sauerampfer (lat. rumex acetosa)

Geschichte

Der Sauerampfer ist eine in Asien und Europa beheimatete Wildpflanze. Die alten Ägypter verwendeten ihn als Gemüse, die Römer nutzten ihn mehr wegen seiner Heil- und Würzkraft. Im Mittelalter berichtete man von dem Knöterichgewächs wahre Wunderdinge. Es galt als Allheilmittel gegen Fieber, Infektionen aller Art, Skorbut, Magen- und Darmbeschwerden und Vergiftungen.

Sauerampfer

Verwendung

Sauerampfer kann aufgrund seines säuerlichen Geschmacks frischgehackt Salaten aller Art beigemischt werden. Wer ihn als Salat zubereitet, muß jedoch gewarnt werden, da Sauerampfer Oxalsäure enthält, die in größeren Mengen genossen Darm- und Nierenreizungen hervorrufen kann. Wenn er als Gemüse verwendet wird, sollte er vorher blanchiert werden. Noch ein Tip: Sauerampfer sollte nur in emaillierten Töpfen zubereitet werden.

Pflegehinweise

Sauerampfer läßt sich leicht aus Samen ziehen. Es ist zu empfehlen, obwohl die Pflanzen mehrjährig sind, immer wieder neue Samen auszusäen, um immer junge Triebe zu haben. Sauerampfer hat zarte und großflächige Blätter, die bei Haltung im Zimmer sehr viel Wasser verdunsten. Deshalb muß er häufig und reichlich gegossen, Staunässe im Topf aber vermieden werden. Blütenknospen sollten entfernt werden, damit sich die Blätter gut entwickeln, ansonsten werden sie hart und bitter. Ein lichter und luftiger Standort ist empfehlenswert.

Der Samen braucht zum Keimen im Zimmer drei und im Garten zehn bis zwölf Tage, er ist zwei Jahre keimfähig.